COUP-D'ŒIL

SUR

SAINT-DOMINGUE.

COUP-D'OEIL

SUR

SAINT-DOMINGUE;

OBSERVATIONS

SUR LE CARACTÈRE DES NÈGRES ET SUR LA
FIÈVRE JAUNE;

MOYENS DE RECOUVRER CETTE COLONIE,
ET DE SE PRÉSERVER DES MALADIES QUI Y RÈGNENT;

PAR J. R. CHARAULT.

PARIS,

Chez C. L. F. Panckoucke, rue et hôtel Serpente,
n°. 16;
Et tous les Marchands de nouveautés.

M. DCCC. XIV.

DE L'IMPRIMERIE DE C. L. F. PANCKOUCKE.

MÉMOIRE

SUR

SAINT-DOMINGUE,

ET

LES MOYENS DE RECOUVRER CETTE COLONIE;

CARACTÈRE DES NÈGRES QUI L'HABITENT,

ET

OBSERVATIONS

SUR LA FIÈVRE JAUNE ET LES PRÉCAUTIONS A PRENDRE POUR S'EN PRÉSERVER.

———

Au moment où la France va jouir de la paix, fruit de la magnanimité de nos Alliés et des vertus de l'auguste famille des Bourbons ; au moment où tous les peuples de l'Europe, ne faisant plus qu'une même famille, doivent rivaliser de bons procédés, d'industrie et de commerce, tous les regards sont portés vers les colonies.

Il n'est pas nécessaire, je pense, de chercher

à en faire connaître l'utilité. Leur navigation n'est-elle pas la meilleure école de marine que le Gouvernement puisse établir? et sans elle pouvons-nous jamais espérer d'avoir un commerce libre et indépendant? Non, sans doute : nos vaisseaux pourriraient dans nos ports, et nous serions toujours les tributaires de l'étranger pour l'acquisition des denrées coloniales, dont la consommation est si considérable en France, et dont l'usage est devenu un besoin pour nous : vérité si bien reconnue, que le Gouvernement qui vient d'expirer avait cherché à les remplacer par des productions françaises locales ; mais c'était envain que l'on faisait des essais, l'expérience nous détrompait tous les jours. Le sol français ne pouvait, comme ses habitans, se plier à la volonté d'un homme. Si l'utilité des colonies est bien démontrée ; si l'immense avantage qu'en doit retirer le commerce est bien reconnu ; si l'on sent la nécessité de mettre les infortunés Colons de Saint-Domingue à même de rentrer dans leurs propriétés, et de leur faire oublier leurs malheurs passés (1); si, enfin, un état aussi populeux que la France ne peut se passer de colonies où il puisse déverser un excédent de population à craindre pour ses voisins autant que pour elle, il en est une surtout qui doit attirer plus particulièrement l'attention de Sa Majesté et de tous les Français, c'est celle de Saint-Domingue.

Mais, dans quel état trouverons-nous cette île, si intéressante par la bonté de ses ports, son étendue et la richesse de ses productions ? Deux années d'une guerre ruineuse et mal conduite (2) l'ont entièrement dévastée, et son sol

---

(1) Si, par un système de finance trop retréci, l'on craignait les dépenses qu'occasionnera la reprise de cette île, le Roi ne serait-il pas obligé de s'occuper enfin du sort des malheureux Colons, et de leur procurer des moyens honorables d'existence, par des emplois ou par des pensions, qui à la longue pèseraient autant sur le trésor, que les frais d'une expédition. Souffriront-ils toujours des maux d'une révolution à laquelle ils n'ont point eu de part, et qui ne les aurait point atteints, si des monstres, vomis par la France, n'avaient porté le fer et le feu dans leur beau pays ?

(2) L'expédition commandée par le général Leclerc, en 1802.

fécond est encore arrosé tous les jours du sang de deux partis acharnés l'un contre l'autre, pour s'en disputer le gouvernement.

N'est-il pas à craindre que les Nègres ne veuillent pas se soumettre à la voix du Prince qui les rappellera à leurs devoirs ? ne chercheront-ils pas à conserver la possession de cette île ?

Ces hommes nouvellement affranchis, et chez lesquels aucune institution morale, consacrée par le temps, n'a pu réprimer les passions, accoutumés à la propriété, et à la licence qui en aura été la suite dans ces climats où la chaleur y porte naturellement, auront de la peine à rentrer dans l'ordre, et ne voudront point s'assujétir aux réglemens sages des peuples anciennement policés.

Pour se remettre en possession de cette colonie, il faudra donc s'y présenter avec une grande force militaire; et ce n'est qu'en évitant les fautes qui ont été commises dans la dernière expédition, et en employant des moyens propres à préserver les troupes contre les maladies du pays, que l'on parviendra à conquérir cette île et à s'y maintenir.

Lorsque les Français mettront les pieds sur le sol de Saint-Domingue, il faut que de nombreuses proclamations apprennent aux Nègres ce qu'ils ont à espérer et ce qu'ils ont à craindre. Il faut que leur sort soit fixé sur des principes invariables, et que tous les actes qui émaneront du Gouvernement, ne soient qu'une conséquence ou le développement de ces mêmes principes. Une esquisse du caractère de ces hommes prouvera jusqu'à l'évidence la nécessité d'en agir ainsi.

Le Nègre regarde comme faiblesse tout changement dans un ordre établi ; les considérans ne peuvent rien sur son esprit ; il n'est pas assez éclairé pour apprécier des nuances légères ; il faut qu'il soit frappé pour être persuadé ; il ne connaît que le juste et l'injuste ; il a un bon sens naturel qui lui fait apercevoir lorsqu'il a commis une faute ; si on ne l'en punit pas, il croit que c'est par faiblesse ; et dès lors qu'il cesse de craindre, il ne respecte plus, il méprise. Pour le maintenir dans la soumission, la sévérité est quelquefois nécessaire ; mais l'excès de rigueur l'exaspère, et la cruauté le révolte. Il ne faut donc pas employer, dans la punition, des traitemens barbares. Il y a des moyens qui agiraient puissamment sur lui, et desquels on ne fait pas assez usage. Il a le goût des plaisirs et de la parure ; en le privant de l'un ou de l'autre, ou même de tous les deux, on le punirait souvent assez (c'est un grand enfant, mais susceptible de devenir homme) : ce n'est que pour les crimes qu'il commettrait, que les traitemens cruels deviendraient nécessaires.

Le Nègre est accoutumé à être commandé ; on ne doit donc jamais le prier : on ne doit pas paraître douter de son obéissance ; il faut qu'à l'air de commandement, il reconnaisse son infériorité. C'est d'après ce principe que, dans le cas de guerre, le blanc qui marche contre le noir, doit par sa résolution paraître lui dire : Soumets-toi, et la guerre sera bientôt terminée.

Je l'ai souvent éprouvé moi-même, et tous

les militaires qui ont fait partie de l'expédition du général Leclerc savent bien que, lorsque les Nègres sont en bataille, si les Blancs les abordent franchement, ils ne résistent pas et se débaudent de suite. La fusillade à distance les amuse. C'est en marchant à eux sans délibérer, que l'on est sûr de les vaincre avec le moins de perte possible. Ils ne trouvent, ni dans leur courage, ni dans leurs armes, de ressources pour résister aux Blancs, presque tous leurs fusils sont sans baïonnettes.

J'insiste beaucoup sur le caractère des Nègres, afin d'en bien faire connaître le fonds; souvent, pour l'avoir trop méconnu, l'on est tombé dans des fautes étranges, pour la conduite que l'on devait tenir à leur égard, et l'on n'a pas su tirer tout le parti possible de l'ascendant que notre couleur nous donne sur eux, faute de l'avoir apprécié convenablement.

Il est donc de la plus haute importance de rappeler dans leur esprit cette idée de la supériorité des Blancs qu'ils ont conservée si long-temps, et dont le germe ne peut encore être tout à fait étouffé. Cette prévention, qui combattait si avantageusement pour nous, déjà ébranlée par les Paolverelle et les Santhonax, a été en partie détruite par la conduite vague et incertaine qu'a tenue le commandant en chef de la dernière expédition. Il a montré dans toutes les circonstances la plus grande irrésolution ; aucune opération militaire n'a été fermement arrêtée et vigoureusement exécutée; aucun acte du Gouvernement n'a été sagement discuté et suivi constamment.

Je pourrais citer beaucoup de fautes commises dans les expéditions militaires ; entre autres celle d'avoir établi le quartier-général de l'armée à une des extrémités de la ligne d'opération, au Cap-Français, plutôt que de le fixer au Port-au-Prince, véritable centre, d'où les forces peuvent se porter à droite et à gauche avec la même promptitude, et faciliter ainsi une réunion de moyens souvent nécessaires, pour réussir dans les coups de main, presque seul genre de guerre à employer dans ces pays. Mais cela n'entre point dans mon sujet ; je dirai seulement que la guerre y ressemblait à un véritable jeu de barres, et paraissait n'avoir d'autre but que d'apprendre aux Nègres à se battre, et à nous redouter moins par la suite.

Dans l'administration civile, c'était la même irrésolution. Les Nègres n'ont jamais pu connaître les véritables intentions du Gouvernement français, parce qu'une proclamation détruisait presque toujours l'effet d'une autre proclamation ; et les choses en ont été au point que les Noirs, anciennement libres, ont dû craindre d'être remis sous le joug.

Les hommes de couleur dont le courage est si franc, et qu'il importait tant de ménager, n'ont pas été mieux traités que les Nègres. Loin de flatter leur amour-propre, qui est si irascible, et qu'il était si facile d'intéresser par les moindres prévenances, l'on a employé à leur égard des procédés qui les ont éloignés de nous peut-être pour toujours.

Les commandans en chef de cette expédition ont-ils été les seuls coupables dans ces circonstances ? ou bien ont-ils été entraînés par des conseillers perfides , lesquels, abusant de leur ascendant sur eux , les ont engagés dans des démarches , qui , toutes , tendaient à nous faire des ennemis irréconciliables des Nègres , à exalter leurs désirs de vengeance et d'affranchissement , dans un temps où ils savaient que la guerre que la France allait avoir à soutenir contre l'Angleterre , la mettrait hors d'état d'envoyer des secours dans ses colonies ?

On peut le dire avec vérité ; jamais entreprise ne pouvait être plus mal conduite ; et la voix des hommes probes qui se trouvaient dans le civil , dans le militaire et dans les finances , loin d'être entendue dans ces temps de désordres , était non-seulement étouffée par ceux qui y trouvaient leur intérêt ; mais encore quelques-uns de ces hommes sages ont été payés de leur attachement à l'honneur par les mauvais traitemens et leur renvoi de la colonie. Il n'en pouvait guère être autrement : l'esprit de vertige qui conduisait tout en France , devait exercer son influence jusque dans les pays les plus éloignés.

Ajoutons à toutes ces raisons, l'effrayante mortalité qui enlevait les officiers et les soldats, les magistrats et les citoyens, et l'on reconnaîtra que le succès de cette expédition était impossible.

Parlons maintenant des moyens à employer pour rentrer dans cette île intéressante, et des précautions dont il faudrait faire usage pour la conserver.

Deux partis se divisent Saint-Domingue, pour s'en disputer la souveraineté. L'un des partis voit à sa tête Pétion, et compte dans ses rangs tous les hommes de sa couleur, et quelques Nègres : l'autre parti, commandé par l'Africain Christophe, ne compte avec lui que des Nègres. Des deux chefs, Pétion est celui qui a le plus de ressources; il a reçu son éducation en France, où il a fait ses premières armes; il est avide de gloire et d'honneurs, et serait peut-être le plus facile à gagner : il suffirait de flatter son amour-propre, et d'intéresser sa vanité par l'offre d'un emploi supérieur.

Il ne faudrait néanmoins pas négliger de

chercher à gagner Christophe ; il pourrait bien servir la France contre son compétiteur Pétion, (dans le cas où celui-ci ne voudrait pas se soumettre,) aimant mieux être le second sous le commandement d'un blanc, que le premier sous celui d'un homme de couleur.

Si les deux partis se réunissaient pour nous faire la guerre, l'on peut encore espérer de rentrer en possession de Saint-Domingue ; mais l'expérience du passé doit nous servir de leçon pour l'avenir, et nous porter à éviter des fautes dont les conséquences ont été si graves. Vingt mille hommes, de la résolution dans les opérations militaires, et de la fermeté dans le gouvernement civil, suffisent pour faire tout rentrer dans l'ordre dans l'espace d'une année. Il faut qu'au bout de ce temps, il ne reste plus que quelques Nègres marons dans les mornes.

Que l'on ne prenne pas une fausse terreur sur le point d'aguerrissement auquel peuvent être parvenus les Noirs armés, le degré de talens de leurs chefs, et leurs moyens de défense. La guerre qu'ils font depuis dix ans entre eux, ne les a pas accoutumés à l'aspect des Blancs, ni à leur tactique. Qu'on ne pense pas non plus que leur nombre puisse être considérable. La population totale de l'île ne s'élève pas à celle de nos départemens de première classe ; et, je le demande, quelles ressources trouveront-ils pour recruter leur armée dans une telle population. Toutes leurs forces réunies ne peuvent pas s'élever à plus de vingt mille hommes. En vain l'on dira que pour conserver leur indépendance, ils mettront les armes à la main de tous les Noirs capables de les porter : l'on sait apprécier de pareilles levées en masse ; et notre expérience nous a malheureusement trop appris le cas que l'on doit en faire dans les armées régulières. D'ailleurs, s'ils faisaient la faute de dépeupler les habitations ; que deviendraient les produits qu'ils en retirent, leur seule ressource pour échanger contre les objets dont ils ont un continuel besoin, et pour le renouvellement de leurs munitions de guerre ? Comment nourriraient-ils tous ces hommes dans les mornes ;

où ils seraient bientôt obligés de se retirer, puisqu'il est suffisamment reconnu qu'ils n'ont aucuns moyens de tenir dans les plaines ? L'on s'effraierait donc à tort de tout ce qu'on pourrait dire là-dessus.

L'occasion se présente naturellement ici de parler d'une distinction qui existe parmi les habitans actuels de Saint-Domingue, et qu'il est très-important de connaître ; cela vient à l'appui de ce que j'ai avancé. La population de l'île est divisée en deux classes : premièrement celle des Nègres qui portent les armes, secondement celle des Nègres qui cultivent les terres, et celle-là est infiniment plus nombreuse que l'autre. La grande différence qui existe entre ces deux classes nécessite une différence de conduite, qui puisse s'accorder avec l'état dans lequel on trouvera chacune d'elles en arrivant à Saint-Domingue.

Les soldats se sont partagés tous les emplois civils et militaires ; ils se sont emparés de toutes les propriétés, et jouissent de leurs revenus pour prix des fatigues qu'ils éprouvent, des dangers qu'ils courent à la guerre, et des soins administratifs auxquels ils se livrent. Eux seuls sont intéressés à la conservation de l'indépendance de l'île, et l'on doit s'attendre de leur part à une résistance proportionnée au motif qui les anime.

Cependant si l'on pouvait parvenir à leur faire entendre leurs véritables intérêts, ils se convaincraient facilement qu'ils ne peuvent lutter long-temps contre les armes de la métropole, quelque favorisés qu'ils soient par le climat et les localités, et que leur opiniâtreté doit nécessairement amener leur ruine totale.

Mais le Roi, de son côté, ne devra-t-il pas leur faire quelques concessions? Ne sera-t-il pas prudent de leur donner un état civil, de leur laisser quelques propriétés, de leur accorder quelques titres? Ces moyens, adroitement ménagés, pourraient, je n'en doute pas, produire les plus heureux résultats. Ce ne serait qu'après les avoir épuisés, que la rigueur deviendrait nécessaire; alors ils ne pourraient plus s'en prendre qu'à eux-mêmes de tous les maux qui tomberaient sur eux, et dans ce cas, il faudrait pousser vigoureusement les opérations, et ne plus transiger, que lorsque le dernier d'entre eux aurait mis bas les armes. Nous savons à quels malheurs nous a conduits l'armistice que le général Leclerc accorda à Toussaint-Louverture.

Je ne pense pas, comme quelques colons, qui condamnent à la mort toute la population mâle jusqu'à l'âge de six ans. Ils allèguent que l'exemple qu'ont sous les yeux ceux qui n'ont pas porté les armes, peut devenir contagieux; que l'on doit craindre de nouvelles révoltes, et que le seul moyen de n'en laisser aucun souvenir, est d'en effacer jusqu'à la trace, en exterminant une population toute entière. Je dirais alors qu'il faut aussi faire périr toutes les femmes jusqu'à cet âge de six ans, parce que celles-ci peuvent souffler dans l'ame de leurs enfans ce même esprit de révolte. L'on sent combien cela serait absurde; quoique cependant les femmes soient plus dangereuses qu'on ne le pense communément : car souvent les

Nègres ne commettent des crimes que pour se procurer les moyens de satisfaire les goûts de leurs Négresses pour la parure ; et la plupart du temps ce sont elles qui les y provoquent. Mais revenons à ces Colons qui inclineraient vers les moyens violens dont je viens de parler. L'exagération de leurs idées provient de ce qu'une longue privation de leurs fortunes, et des douceurs qui y étaient attachées, et les malheurs qui pèsent sur eux, depuis un si grand nombre d'années, les ont aigris, et que leur esprit, exaspéré par les chagrins et le r existence précaire, ne leur permet plus de penser avec modération. Leur excuse est dans leur triste situation et leurs longues infortunes; et lequel d'entre nous, à leur place, pourrait répondre d'être plus modéré ?

Je crois, et je suis sûr que la réflexion et ce qui suit les ramènera à mon avis, que, dans le cas de non soumission, ce n'est que sur les hommes armés que doit retomber la punition, et que l'on peut laisser vivre, sans aucune crainte pour l'avenir, les Nègres cultivateurs.

2

En effet, tranquilles sur leurs habitations, ils travaillent pour qui de droit. Esclaves par le fait, ils se croyent libres, parce qu'on le leur a dit; parce qu'au lieu d'être nourris et entretenus par le propriétaire, ils reçoivent une portion des produits de la terre, qui leur sert à se procurer les divers objets dont ils ont besoin.

Ils n'ont pris aucune part active dans les différentes guerres qui ont bouleversé la colonie; et s'ils avaient eu les armes à la main, s'ils avaient goûté de l'oisiveté de la vie militaire, il faudrait employer des moyens violens pour les faire retourner à leurs ateliers; car l'oisiveté est le dieu des Noirs. (Voilà pourquoi l'on ne pourra jamais rien faire des soldats nègres, et que leur annoncer leur retour sur les habitations pour y reprendre leurs travaux, ce serait exaspérer leur courage et les empêcher de se soumettre. Le Roi trouvera dans sa prudence le meilleur parti à prendre dans ce cas. Ce serait peut-être de les incorporer dans les régimens blancs qui sont dans les autres îles, et de n'en laisser ainsi qu'un très-petit nombre à Saint-Domingue, où l'on pourrait craindre que leur séjour ne fût pas sans danger, ou de les faire passer en France, pour les utiliser dans le service des ports ou du génie militaire, comme pontonniers, piocheurs, etc.).

Il est bien vrai que c'est dans les ateliers que les différens chefs de parti ont toujours fait leurs recrutemens; mais aussi ils n'ont jamais essayé de remettre au travail ceux qu'ils en avaient tirés pour les enrôler.

Les Nègres cultivateurs travaillent donc comme sous le régime des Blancs, mais pour le compte des Nègres armés, qui leur donnent pour prix de leur labeur, un quart dans les revenus des terres; et comme ce quart est plus que suffisant pour subvenir à leurs besoins, ils resteraient oisifs et ne cultiveraient pas l'habitation, si des conducteurs salariés par les propriétaires noirs ne les y forçaient.

Pour accorder cette contrainte avec leur liberté prétendue, et vaincre leur paresse naturelle, ces conducteurs les frappent à coups de bâton et non pas à coups de fouet, disant que le fouet n'est fait que pour des esclaves, mais que le bâton est pour les hommes libres. Misérable subtilité, qui néanmoins produit son effet, et prouve mieux que tout ce qu'on pourrait dire, quel est l'esprit du Nègre, et de quelle manière on doit s'y prendre pour le conduire.

En n'usant donc jamais du mot *esclavage*, et en assurant aux Nègres cultivateurs qu'ils sont *libres*, on pourrait les *attacher à l'habitation*, de façon qu'ils ne puissent pas la quitter. Par ce moyen l'on obtiendra le résultat que l'on désire ; l'on aura des hommes propres au travail des terres, et dont les services seront assurés pour les propriétaires (1).

Que, pour suivre le système établi, et qu'il serait peut-être dangereux de vouloir changer,

______

(1) Ce n'est que de cette manière que l'on peut espérer de voir prospérer les habitations ; en vain l'on tenterait de les faire cultiver par des domestiques, l'on n'obtiendrait que de faibles produits, ou l'on échouerait même totalement, surtout dans les sucreries.

le Nègre reçoive à titre de gages et d'appointemens, et cela en raison de sa force ou de son
utilité, une portion dans les produits de l'habitation, dont il usera, sous la surveillance d'un
chef, pour pourvoir à ses besoins; ou bien que,
pour mieux le convaincre de sa liberté, le Colon lui alloue, pour échange de son travail, un
coin de terre qu'il sera libre de cultiver à sa
manière, et dont les productions lui serviront
au même usage (1).

Le temps n'est pas encore venu de donner
pleine liberté au Nègre; il n'est pas mûr pour
en jouir; il en ferait un mauvais usage, l'expérience ne l'a que trop prouvé; il est dans le cas
d'un homme enfermé longtemps dans un cachot
obscur, et qu'on rendrait subitement à la lu-
mière, son aspect pourrait lui devenir funeste,
il faut l'y accoutumer insensiblement.

Le gouvernement mixte que je propose pa-

---

(1) En leur accordant les soirées du mercredi et du
samedi pour y travailler, ce temps serait suffisant, et
serait pour eux une espèce de repos.

raît donc le plus convenable pour le temps présent. Par lui le Colon jouira de tous les biens qu'il est en droit de prétendre, et le Nègre que cette amélioration dans son sort et cette idée de propriété, attacheraient à la terre qu'il cultive, jouira aussi de toute la liberté dont il est susceptible.

Et que l'on ne croye pas qu'il serait difficile d'amener les Nègres à ce régime; il n'y a pas un des Noirs cultivateurs qui n'aimât mieux être soumis à un Blanc qu'à un homme de sa couleur, parce que, outre que ce dernier est toujours plus cruel dans la manière dont il traite ceux qui lui sont subordonnés, le Nègre ne reconnaît pas en lui la supériorité que la couleur donne au Blanc; il ne voit que son égal, et la soumission à laquelle on l'oblige lui pèse extrêmement.

Mais il faut se hâter de faire usage de ces moyens, tandis qu'il reste encore sur les habitations de vieux Nègres qui ont vécu sous la conduite des Blancs, et qui peuvent dire aux jeunes gens, par quels bons traitemens la plus

grande partie des Colons cherchaient à s'attacher leurs esclaves, en les habillant et les nour-
rissant bien dans la vigueur de l'âge, en ne les
surchargeant point de travail, et les faisant soi-
gner dans leurs maladies et dans leur vieil-
lesse : car il est inutile de le dire ici, et tous
les bons esprits sont convaincus depuis long-
temps, que toutes les déclamations et les accu-
sations lancées contre les malheureux propriétaires des colonies, avaient été inventées ou
exagérées par quelques démagogues à esprit
faux, ou qui cherchaient eux-mêmes à profiter
des troubles qu'ils provoquaient. L'intérêt des
Colons était opposé aux traitemens barbares
dont on dit qu'ils usaient envers leurs esclaves,
puisqu'ils se seraient privés par là de leurs services. Dans les colonies, le but de tous les
Blancs était de faireune prompte fortune, afin
de venir dans la métropole, jouir des douceurs qu'elle pouvait promettre.

Je ne parlerai point de la manière de conduire la guerre dans ce pays : les sages dis-
positions du Roi, exécutées par ces officiers

français, qui ont eu si long-temps l'habitude de vaincre, et dont les talens et le courage ont élevé à un si haut degré la gloire de nos armes, sont un sûr garant du plus brillant succès.

La seule observation importante qui se présente ici à mon esprit, c'est qu'il conviendrait peut-être de ne point laisser aux gouverneurs civil et militaire toute latitude dans leurs fonctions respectives, et de réunir leurs pouvoirs par un lien commun, qui serait un conseil composé de personnes, lesquelles n'auraient à prétendre à aucun emploi dans les îles, et dont les appointemens seraient tels, qu'ils n'eussent pas besoin de s'occuper de leur fortune. La récompense de leur bonne conduite les attendrait en France. Il serait surtout important de n'y pas envoyer des hommes qui n'auraient pas toute la confiance des Blancs, ou qui se seraient déjà aliénés l'esprit des Noirs par une conduite violente.

Des gouverneurs capables et probes, des conseillers honnêtes et exempts d'ambition, et je réponds de la réussite la plus complète et la plus honorable.

Tout ce qui me reste à dire maintenant, portera sur les moyens de conserver les troupes dans ces climats qui ne sont destructeurs que par défaut de prévoyance.

Sans prétendre entrer dans une discussion scientifique sur les causes de la fièvre jaune, ses paroxismes et son traitement (ce que je laisse à faire aux médecins), je dirai ce que j'ai vu, ce que j'ai éprouvé, et les réflexions qui ont été la suite de mes observations.

La fièvre jaune n'est point particulière à certaines contrées, à certains peuples, à certains individus; elle est commune à tous les pays dans lesquels des terrains bas et marécageux sont alternativement couverts par les eaux des pluies ou des marées, et découverts par les reflux ou l'évaporation. Ces terrains contenant, presque toujours, des débris de végétaux et d'animaux en putréfaction, donnent lieu à des émanations de miasmes pestilentiels, dont l'activité et la qualité délétère se trouvent augmentées par l'action du soleil pendant les chaleurs de l'été, et par là donnent naissance à ces fièvres plus ou moins malignes, connues sous différens noms, dans les divers pays où elles se manifestent. Ces fièvres qui sont toutes les mêmes, quant aux principes, prennent cependant différens caractères, selon les degrés de latitude, selon le genre d'occupations, de nourriture, et le tempérament particulier des peuples chez lesquels elles font des ravages.

Quoi qu'en disent quelques médecins, dans tous les pays où ces fièvres se sont montrées, et se montrent encore, elles n'ont jamais été contagieuses. J'ai vu, j'ai soigné moi-même des malades transportés loin des foyers de la fièvre, dans l'intérieur des terres, sur des lieux aérés et élevés; quelques-uns se sont guéris, d'autres sont morts, sans aucune suite fâcheuse pour ceux qui les avaient approchés.

Je n'accumulerai point ici les raisonnemens, les exemples et les citations dont je pourrais appuyer mon opinion, je dirai seulement que, quelles que soient les causes de la fièvre jaune, puisqu'il est bien reconnu que leur principal foyer existe dans les villes, surtout dans les villes maritimes, où se trouvent toujours et des eaux croupissantes et des immondices amoncelées, d'où s'échappent les miasmes putrides, il suffit d'en éloigner les troupes, pour les préserver de cette funeste maladie.

Laissons les négocians, les spéculateurs et tous ceux dont les affaires nécessitent pour eux le séjour des villes maritimes, s'y entasser; l'appât du gain est leur excuse, et la fortune la récompense des dangers qu'ils ont courus : mais éloignons-en les militaires, dont la présence est plus nécessaire au dehors des villes, pour en défendre les approches, que dans leur intérieur; surtout avec des ennemis comme les Nègres, qui n'ont aucuns moyens pour les forcer de s'y renfermer, ni pour en faire les sièges.

Ce serait bien ici le cas d'indiquer quelques moyens préservatifs, moyens dont j'ai éprouvé l'efficacité, et qui, je crois, auraient les plus heureux résultats pour la santé des hommes. Ils consisteraient à les saigner tous, s'il était pos-sible, en partant de France, et à les saigner encore en arrivant en Amérique, à leur retran-cher quelque chose sur la quantité d'alimens qu'on leur distribue chaque jour, et leur donner plutôt des légumes que des salaisons.

Les Européens en général, et les Français particulièrement, ont beaucoup de sang, soit que cela provienne de la douceur de la tempé-rature, ou de l'espèce d'alimens, etc., etc. En arrivant dans les régions de la zône torride, la chaleur exalte chez eux l'action du sang, déjà échauffé par le défaut d'exercice et les viandes salées pendant la traversée ; le pouls s'élève alors et devient plus dur ; les pores ouverts par une plus abondante transpiration, aspirent avec avidité les miasmes pestilentiels dont l'air est chargé, et les portent dans la circulation. Le sang se trouvant, par l'élévation de la tem-pérature, dans une disposition fébrile, reçoit ces principes fermentescibles, qui occasionnent une fièvre d'abord ardente, puis inflamma-toire, enfin putride, et ordinairement suivie de la mort dans l'espace de deux à trois jours. Voilà l'histoire de la fièvre jaune, dont les symptômes principaux sont un mal à la tête et des douleurs aux reins. La bile joue aussi un grand rôle dans cette maladie.

Cette précaution de la saignée, jointe à une diète légère, qui, en diminuant la masse du sang, et son effervescence diminuerait également le danger, et aurait encore l'avantage de tranquilliser l'esprit du soldat (1), ce qui est très-important, puisque l'imagination a souvent rendu le caractère de la maladie mortel, chez les individus qui étaient fortement affectés.

La sobriété qui est toujours, dans quelque pays que l'homme habite, le véritable régula-

____

(1) Les troupes de terre ayant dans tous les temps fait voir la plus grande répugnance à s'embarquer pour les îles, il serait bon, je pense, de faire connaître par des ordres du jour ou autrement, dans les villes maritimes ou de garnisons, que, non-seulement le Gouvernement s'est occupé d'assurer la santé des hommes dans les colonies, mais encore qu'on a trouvé les moyens de prévenir les dangers de la fièvre jaune par quelques précautions qui n'ont rien de gênant pour le soldat.

teur de sa santé, doit être recommandée bien
plus particulièrement encore dans les Antilles,
où les excès, dans quelque genre que ce soit,
peuvent devenir si préjudiciables à celui qui s'y
livre. Trop d'attraits malheureusement y portent dans les colonies. Les Européens qui arri-
vent dans ces contrées, étant pour la plupart
dans la force de l'âge, ont de la peine à com-
primer des désirs vivement excités par les objets qu'ils ont sans cesse sous leurs yeux. Qu'ils
pensent néanmoins qu'ils auront besoin de
toutes leurs forces pour soutenir les secousses
du climat, et qu'ils prennent garde de les
épuiser dans les plaisirs de l'amour, quelque
conviés qu'ils y soient par l'effervescence que
la chaleur portera dans leur sang. Les nuits
passées au jeu ou à la table amènent aussi après
elles les suites les plus fâcheuses. L'on ne doit
pas trop se livrer non plus au plaisir de boire
des liqueurs rafraîchissantes ; le relâchement
que leur excès donne à la fibre, les transpira-
tions plus abondantes qu'elles provoquent,
prédisposent le corps à s'imprégner plus faci-

lement des miasmes putrides, et causent ainsi les accidens les plus funestes. Le Français sage évitera donc tous les excès, et j'ose lui promettre qu'en observant pendant quelques mois ce régime, qui n'a rien de gênant en lui-même, il parviendra à s'acclimater totalement.

Les accidens qui résultent pour les troupes en santé de leur séjour dans les villes maritimes, deviennent bien plus graves lorsqu'il s'agit des malades ; c'est eux surtout qu'il est important d'éloigner des foyers de la fièvre, et cependant on ne l'a pas fait ; il était impossible de placer plus mal les hôpitaux. Ces établissemens qui demandent un air pur et souvent renouvelé, pourquoi les avoir faits aux pieds des mornes, dans des lieux où sa circulation n'est pas libre ? pourquoi entasser les malades dans de longues salles, dans lesquelles, malgré toutes les précautions que l'on peut prendre, l'air est bientôt vicié, et contribue ainsi à rendre mortelles des maladies dont la guérison serait assurée dans des endroits plus sains et mieux aérés. N'ai-je pas vu des officiers de santé attachés à ces hôpitaux, quoiqu'avec plus de moyens de se préserver des miasmes putrides, victimes eux-mêmes de leur action pestilentielle, y succomber en grand nombre. Ce mal, qui existe depuis si longtemps, tout le monde l'a vu, et personne n'a cherché à y remédier (1).

Est-il donc si difficile d'établir les hôpitaux dans des lieux salubres, dans les montagnes, par exemple? Ne pourrait-on pas les disposer de manière à ce que la présence des malades ne fût pas la cause de nouvelles maladies? L'on objectera qu'il y aurait de grandes dépenses à faire; mais doit-on calculer ainsi, lorsqu'il s'agit de la vie des hommes? D'ailleurs, les dépenses ne seraient pas aussi considérables qu'on pourrait le croire au premier aspect.

____

(1) Les soldats avaient une telle frayeur des hôpitaux, que grand nombre d'entre eux, loin de déclarer la fièvre qui les attaquait, en cachaient les symptômes, et lui laissaient faire ainsi, faute de soins, des progrès mortels; plutôt que de demander à entrer dans ces établissemens, qu'ils regardaient comme de véritables tombeaux : *Aller à l'hôpital*, selon eux, *c'était aller à la mort.*

Que dans les lieux les plus aérés des mornes et proche d'une source, l'on dresse des tentes; que sous chacune d'elles l'on place quatre ou six malades au plus, que ces tentes puissent s'ouvrir à chacun de leurs quatre côtés, selon le vent, afin d'y introduire un air toujours nouveau; que la toile en soit goudronnée, pour que la pluie et la rosée ne puissent la pénétrer; qu'elles soient suffisamment espacées; qu'on laisse même quelques bouquets d'arbustes entre elles, et l'on aura ainsi, sans beaucoup de frais, des hôpitaux salubres, et dans lesquels les malades pourront être traités avec autant de soins, et avec moins de dangers que dans les salles dans lesquelles on les entasse.

Les logemens des médecins, chirurgiens et pharmaciens, les magasins et les cuisines pourraient également être établis sous des tentes; à moins qu'on ne voulût faire les frais de bâtimens, pour la construction desquels on trouverait une partie des fonds dans la vente des anciens, qui deviendraient alors inutiles. Il serait bon néanmoins d'avoir dans les villes des maisons de dépôt, pour y recevoir les malades, que des réglemens *ad hoc* obligeraient de transporter sous les vingt-quatre heures dans les hôpitaux des montagnes.

Ce que je viens de dire pour les malades, indique les précautions qu'il y aurait à prendre pour les troupes en santé ; ce serait de les faire camper.

Mais le soldat, en couchant sur la terre, n'aura-t-il rien à redouter de son humidité si pénétrante, et de la fraîcheur des nuits si pernicieuses dans ces climats, et les causes de si graves maladies ?

Pour s'en garantir, il y a des moyens aussi simples que peu dispendieux. Chaque homme, muni d'une capote en gros drap, pourrait être pourvu d'une peau qu'il étendrait à terre, et sur laquelle il se coucherait enveloppé dans sa capote. (Les sauvages, dans toute l'Amérique, par ce procédé si facile, couchent impunément sur la terre pendant toute leur vie). Une peau de bœuf sèche avec son poil coûterait peu de chose, et suffirait pour deux hommes. Afin de ne point augmenter la charge des soldats, qui est toujours trop pesante dans les pays chauds, quelques chevaux ou mulets pourraient porter tous les lits d'un régiment en marche.

Il serait bien nécessaire aussi de préserver les troupes des moustiques, insectes bien incommodes pour les Européens. Leur piqûre cause une irritation quelquefois si considérable, qu'elle peut contribuer à enflammer le sang, et à augmenter ainsi l'intensité de la fièvre chez l'individu qui en est atteint. L'on parviendra à les éloigner des tentes, si, le soir avant de les fermer, l'on a le soin de brûler dans l'intérieur une poignée d'herbe, de feuilles, ou une pincée de poudre, dont la fumée suffira pour les chasser ou les faire périr (1).

Je n'ai pas indiqué tous les moyens préser-

---

(1) Pour les hommes qui sont au bivac, on pourrait les pourvoir de petites tentes en canevas. Sous chaque tente, dont le poids avec ses piquets n'excéderait pas six livres, et qui ne coûterait pas plus de 5 à 6 francs (construites d'après le modèle que j'en pourrais fournir), deux soldats seraient à leur aise, et à l'abri du vent et de la piqûre de ces insectes.

vatifs dont il serait possible de faire usage; il en est d'autres que de fortes présomptions et quelques expériences pourraient faire croire très-salutaires, mais il faudrait que d'habiles praticiens pussent tenter de nouveaux essais avant d'en faire une application générale.

Je pourrais parler aussi de quelques moyens curatifs, et indiquer des remèdes pour guérir les personnes attaquées de la fièvre jaune; remèdes simples, dont j'ai éprouvé les heureux effets, et par l'usage desquels j'ai vu plusieurs individus échapper à la mort; mais, outre que ces remèdes n'auraient peut-être pas l'approbation de tous les Médecins, j'augmenterais trop ce mémoire, et en ferais une espèce de dissertation médicale, ce qui n'a point été mon intention. Je ne me suis peut-être déjà que trop étendu sur ce sujet; son importance est mon excuse, et des circonstances particulières peuvent même contribuer à augmenter encore cette importance.

Il serait possible que le soldat mal instruit ou égaré, fût découragé par l'idée d'aller s'exposer aux dangers du climat des Antilles, que l'on s'est plu à grossir et à peindre des traits les plus effrayans.

Ils ne savent pas, ces braves militaires, que cette fièvre jaune en apparence si terrible, l'on peut, avec quelques soins, s'en préserver, ou du moins en atténuer tellement les effets, par des remèdes bien connus, qu'ils n'ont plus rien de dangereux pour la vie, lorsque le malade n'en détruit pas l'efficacité par des excès; et qu'elle est bien moins redoutable que la peste, que plusieurs d'entr'eux n'ont pas craint d'aller affronter en Egypte. Ils ne savent pas qu'une nouvelle carrière est ouverte à leur valeur, et que si elle leur offre de nouveaux dangers, elle leur offre aussi une nouvelle gloire; que les honneurs et les récompenses les attendent. Eux qui ont lutté avec tant de gloire contre l'Europe entière, souffriront-ils qu'une poignée de Noirs révoltés prive la France des immenses avantages que la possession de Saint-Domingue lui promet. Ils ne savent pas que ce beau pays leur ouvre, comme au reste des Français, le chemin de la fortune. Combien en effet n'a-t-on pas vu de soldats recevoir leur congé dans les îles, et rapporter en France, après quelques années, des fruits brillans de leur travail et de leur industrie. Hé bien ! ces moyens de fortune leur sont offerts de nouveau.

Que le temps du service compte double ; à partir d'Europe, que la paye double aussi, et que chaque année le tiers des régimens passés dans les Colonies soit ramené en France, ou que chaque soldat qui aura servi quatre ans dans ces pays, reçoive son congé définitif, et puisse s'établir sous la protection du Gouvernement ; avec ces promesses, garanties par le Roi, que l'on fasse un appel volontaire dans les divers régimens, et l'on verra une foule de braves, sensibles à la voix du Prince et de l'honneur, accourir pour former ces nouveaux bataillons, et partir avec joie. Leur retour en France, au terme fixé, convaincra mieux que tous les raisonnemens, et prouvera que les craintes que l'on a des maladies des îles ne sont fondées sur rien de raisonnable.

Si le Gouvernement désire que je lui communique les autres moyens que je croirais propres à préserver de la fièvre jaune, je suis prêt à le faire, trop heureux si mes observations peuvent devenir utiles à l'humanité.

J'ai dit des faits, et l'expérience est ma preuve. J'ai indiqué quelques précautions à prendre pour conserver la santé des hommes dans le climat si redouté des Antilles. En les mettant au jour, j'ai cru m'acquitter d'un devoir. Tous les vrais Français ne doivent-ils pas à leur Roi l'hommage de ce qu'ils savent, et concourir de toutes leurs facultés à arriver au noble but qu'il a si magnanimement proclamé, celui du *bonheur de son Peuple ?*

Ma satisfaction sera donc complète, si les moyens que j'ai présentés peuvent, en prévenant les maladies, garantir de la mort les braves que notre auguste Monarque a appelé ses *premiers enfans,* et dont l'existence si précieuse pour lui, ne doit être exposée que pour le défendre et augmenter sa gloire.

Ce Mémoire était destiné à paraître dans le mois de juin ; la publication en a été retardée par l'éloignement de l'Auteur de la capitale.